LE
THÉATRE MORAL

CAUSERIE

PAR M. PAUL FÉVAL

A LA SÉANCE D'OUVERTURE

DE LA

Société pour l'Amélioration du Théâtre en France

LE 28 AVRIL 1874

PARIS
E. DENTU, LIBRAIRE-ÉDITEUR
PALAIS-ROYAL, 17-19, GALERIE D'ORLÉANS

1874

LE
THÉÂTRE MORAL

CAUSERIE

PAR M. PAUL FÉVAL

A LA SÉANCE D'OUVERTURE

DE LA

Société pour l'Amélioration du Théâtre en France

LE 28 AVRIL 1874

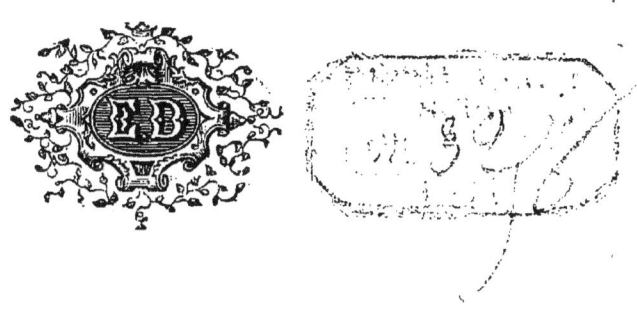

PARIS

E. DENTU, LIBRAIRE-ÉDITEUR

PALAIS-ROYAL, 17-19, GALERIE D'ORLÉANS

1874

Mesdames et Messieurs,

Je viens plaider devant vous la cause du bien contre le mal qui envahit nos théâtres, à tel point que tout le monde s'en plaint, même les théâtres ; on pourrait dire : surtout les théâtres, car ils ne savent plus à quels sauts périlleux se vouer. Les malheureux directeurs sont condamnés à cette torture de trouver chaque soir une allumette nouvelle pour mettre le feu à la curiosité de Paris ! C'est un mal humiliant, jusqu'à être menaçant, et qui fait peur à des esprits très braves, un mal contagieux, puisqu'il a gagné d'excellents cœurs, un mal enfin que tout le monde connaît bien; mais auquel personne jusqu'ici n'a songé à porter remède : je suppose, en effet, que vous ne prenez pas pour un remède cette chose maladroite, équivoque et par-dessus tout impuissante, qu'on appelle la censure, ah! non! ce n'est pas un remède, car cela n'a jamais rien guéri.

Je suis le premier à convenir que, pour traiter même très partiellement, comme je vais le faire, cette question du théâtre, il aurait fallu une voix beaucoup plus haute que la mienne. Aussi, quand le fondateur de l'Œuvre, qui vous a convoqués ici, m'a fait l'honneur de venir chez moi, j'ai été aussi embarrassé qu'effrayé. Pourquoi me choisir, moi, un romancier, parmi tant de beaux esprits, professeurs, orateurs, poètes, dont la parole a une si véritable autorité? Je me demandais cela. Mais pendant que je faisais ainsi de la modestie au dedans de moi-même, ce qui ne coûte rien, le fondateur parlait; il me disait: « J'arrive du vieux pays, là-bas, où l'apôtre saint Brieuc, quatorze cents ans avant le siècle de Mlle Thérésa, vint un jour, à travers la tempête, enseigner aux Bretons idolâtres comment on prononce le nom du Vrai Dieu. Je ne viens pas, moi, apporter la lumière à Paris, qui est, dit-on, la lumière même ; je veux tout humblement mettre un écran, l'écran de l'honnêteté, au devant de cette flamme qui souvent dévore au lieu d'éclairer ; je veux (si je peux) calmer, sinon guérir, cette fièvre qu'on appelait encore hier, par politesse, « excès de civilisation, » et à laquelle demain on donnera son vrai nom, qui est : « barbarie. »

Ces Bretons n'y vont jamais par quatre chemins ! — Barbarie ! le mot peut sembler un peu bien violent, et pourtant nous avons vu des choses... ah ! de bien vilaines choses ! Mais ne parlons pas politique. J'écoutai, je trouvai l'idée belle et grande dans son humilité même. Certes, l'inventeur vous l'aurait exposée bien mieux que je ne saurai le faire, mais il est des postes d'honneur qu'il ne faut jamais refuser, n'est-ce pas votre avis ? J'acceptai, en me réservant toutefois, au point de vue de l'art, liberté complète, d'exprimer mes admirations et mes dédains : bien entendu sans mettre l'écriteau d'aucun nom, au devant de ces derniers. Même sous cette réserve la tâche reste difficile pour moi, qui ai, parmi nos auteurs préférés, tant de chers amis. Le Bien me gênera, puisqu'il semblera plaider contre l'utilité même de ma thèse, le Mal me gênera bien plus encore, car si je vous en apportais une peinture quelque peu fidèle, je blesserais ici de nombreuses délicatesses... Enfin, je ferai de mon mieux et j'espère respecter à la fois les égards qui sont dus aux maîtres de notre scène contemporaine et à ceux — et à celles qui me font l'honneur de m'écouter.

Il y a quelque temps, cet hiver, j'entrai dans un beau théâtre où l'on jouait *Jeanne d'Arc*. La pièce avait un succès très vif et parfaitement mérité; l'excellente artiste, chargée du rôle de la guerrière martyre, était à chaque instant « enlevée » par les applaudissements. Je calculais à part moi les inépuisables ressources dramatiques offertes par nos annales, et je me disais : « Voici un directeur dont la route est désormais tracée. Celui-là va se donner tout entier à la poésie de l'histoire, c'est certain, j'en jurerais ! »

Un mois après, il m'arriva d'entrer de nouveau dans ce même théâtre, où l'on jouait encore une légende : la légende d'Orphée, qu'un homme de beaucoup d'esprit avait pris la peine d'habiller en carnaval. C'était splendide de dé-

cors, de costumes, de nudités, de gaudrioles —
et une musique charmante, ah ! charmante !
C'est égal, je ne pouvais m'empêcher d'en vouloir un peu à l'homme de beaucoup d'esprit,
parce que cette légende d'Orphée est pour moi
une des plus touchantes de la poésie antique.
J'allais presque dire une des plus chrétiennes ;
et, en effet, l'idée chrétienne est là dans toute sa
miséricorde sous le voile mythologique.

En sortant, après avoir écouté quelques scènes dont la gaieté ne me parut pas, — c'est une
affaire de goût, — venir directement d'Athènes,
je me demandais quelle singulière préoccupation fait naître ces parodies dorées si pompeusement, mais qui frisent l'insanité de si près.
L'envie de plaire au goût public, sans doute.
Comment ! au goût de ce même public qui vibrait naguère aux élans de Jeanne d'Arc ! est-ce
possible ? Je ne sais pas si c'est possible ; mais
les directeurs prétendent que c'est certain, et
celui dont nous parlons, qui est un grand artiste par dessus le marché, ne me semble pas
s'être trompé de beaucoup cette fois-ci.

Je me demandais encore... mais excusez-moi si je vous mets en tiers dans ces interrogations que je m'adresse à moi-même, cela n'allongera pas beaucoup notre entretien. J'en serai quitte pour supprimer le tableau triste offert par certains théâtres, appelés faussement populaires et par ces effrontées institutions que la police a le tort de tolérer sous le nom de cafés-concerts. Croyez que vous n'y perdrez rien. Je voudrais vous dire un sujet de drame que je trouvai ce soir-là. Je me demandais donc s'il ne serait pas permis à un poète de ressaisir à travers l'outrage de la parodie ce splendide et miséricordieux symbole d'Orphée, de le rajeunir selon les procédés de notre art, de le transporter, en un mot, dans nos mœurs avec sa signification profonde.

Faites-moi l'honneur d'être, pour un instant, mes collaborateurs, et voyons, cherchons ensemble ce qu'il peut bien y avoir sous cette idée en apparence si vague. Notre Orphée n'a pas sa lyre sous son bras, parce que cela ne se fait plus depuis qu'on porte l'habit noir; mais il est jeune, beau, généreux, comme au temps où il se drapait dans les plis du costume antique. Seulement, il faut bien que je vous avoue cela, c'est un de ces hommes qui nous font toujours rire, c'est un mari.

Quant à notre Eurydice, c'est une de ces

enfants charmantes, comme vous en connaissez tant, Mesdames, qui apportent dans le mariage les ignorances et les témérités de leur candeur. Nous avons tous vu de ces couples heureux, qui entrent dans le monde par la porte des fleurs.

Dans le monde je ne vous dirai pas au juste ce qui se passe ; vous savez bien qu'il y a là des dangers tout comme dans la mythologie. Ce ne sont pas des serpents, de vrais serpents, qui rampent sur le parquet de nos salles de bal pour y mordre vos talons, Mesdames ; du moins je n'y en ai jamais vu, — mais il paraît qu'on y est mordu tout de même, souvent et cruellement.

Où vont-elles ces victimes du monstre invisible qui a sept têtes comme l'hydre ? La vanité, le désœuvrement, l'ennui, le caprice, que sais-je encore, et une septième tête qui ressemble à l'amour — on s'y trompe, — où tombent-elles ?

Il en est qui ont mérité leur chute, mais d'autres ne furent que malheureuses, car le monde peut se tromper comme tous les tribunaux. J'en sais une, moi, — la nôtre — que son sort a précipitée tout au fond de l'enfer parisien. C'est un enfer — comme l'autre. Elle est là toute jeune encore et si belle dans sa nuit sous l'arche où passent les vivantes et les heureuses, raillée par celles d'en haut qui la jugent perdue, insultée par celles d'en bas qui la devinent pure et qui s'en indignent, écrasée, c'est bien le mot, entre les orgueils et les hontes, quand Orphée vient : le mari, l'homme qui fait toujours rire.

Orphée a descendu une à une toutes les marches qui mènent de la terre à l'enfer pour y chercher l'âme dont la religion et la loi lui ont donné charge : il a rencontré, lui aussi, bien des sarcasmes en chemin, bien des insultes peut-être, mais il a passé au travers : il est l'Amour, l'Amour souverain, parce qu'il est légitime.

On peut rire si on veut, on peut toujours rire, vous savez bien qu'à Jeanne d'Arc elle-même, puisque nous parlons d'elle, un charivari trop célèbre fut donné autrefois.

Mais voici Orphée qui revient sur ses pas ; ce n'est plus tout à fait comme dans la mythologie ; il tient par la main sa femme reconquise et remonte avec elle toutes les marches descendues. Il a la tête haute, le regard aussi, et aussi le cœur : allons, vraiment, il n'est pas trop ridicule pour un mari. Il va droit au monde qui tout à l'heure fermait ses rangs et qui les rouvre devant Orphée.

Car Orphée a droit : il a pu faire ce qu'il a fait, et lui seul pouvait le faire. Il est le mariage, la pierre de voûte, — la dernière — de nos institutions menacées ; il est la famille, qui est elle-même la société.

Oui, voilà ce qu'est Orphée, notre Orphée moderne, assez puissant pour absoudre et au besoin même assez grand pour pardonner, mais sans lâcheté ni faiblesse, du haut de sa conscience éclairée par le devoir...

Mais vous m'applaudissez au lieu de rire ! Ah ! je comprends, c'est à cause de la famille, cette pauvre chère famille ! Tout le monde l'aime et la protége ! Ceux-là même qui l'égorgent un petit peu ou même beaucoup l'adorent, à ce qu'ils disent. Aussi je suis bien sûr que ce drame de la famille aurait un succès universel ; et, puisque vous allez avoir besoin de pièces nouvelles, je vous engage à demander celle-ci à quelqu'un des opulents esprits qui dominent notre scène. Choisissez, par exemple, — s'il veut bien se laisser choisir, — l'auteur en renom dont la morale est le plus souvent attaquée, mais dont les idées aussi se rapprochent le plus des vôtres, sous l'enveloppe un peu sicambre qui les travestit quelquefois. Obtenez de lui ce drame ou cette comédie, peu importe, en ayant soin toutefois de le prévenir (c'est nécessaire) et de lui dire : « Souvenez-vous que nous sommes le *théâtre moral,* » et s'il vous exauce, vous débuterez par un chef-d'œuvre.

Je peux bien prononcer ce gros mot, car l'idée n'est pas de moi : je l'ai trouvée dans un motif de Gluck, qui l'avait trouvée lui-même dans un vers d'Homère : vous voyez qu'elle est d'assez bonne maison.

Mais je m'aperçois que je parle du théâtre comme s'il était fondé, et je ne vous ai pas dit encore que vous alliez fonder un théâtre... peut-être... du moins je l'espère et je le souhaite.

Une simple observation : Dans le courant de ma discussion je vais être amené sans doute à dire « nous, » en parlant du théâtre futur ; ce sera une pure forme de langage. Je dois en effet bien établir ici que je n'appartiens pas à ce théâtre, et surtout que ce théâtre ne m'appartient pas, — à aucun degré. — Ce n'est ni mépris, ni même indifférence ; ce que je fais ici suffirait à prouver le contraire ; c'est tout bonnement vérité. Je suis un étranger qui passe et qui regarde ; je vois les choses avec un sang-froid absolu, et il ne faut rien moins que cela pour me donner à mes propres yeux le droit de les juger comme je vais le faire.

Il y a deux questions, dont voici la première : Est-il opportun, est-il même urgent pour vous, gens du monde, conservateurs, — non point dans l'acception politique du mot, cela ne me regarde pas, et, d'ailleurs, je ne sais plus bien ce que le mot veut dire, mais dans le sens moral — de vous occuper de théâtre ? Oui ! ah ! certes, oui ; et même il y a bien longtemps que vous auriez dû regarder de ce côté. Le théâtre influe singulièrement sur la marche et sur la qualité des faits ambiants. Je ne suis pas de ceux qui lui attribuent tout ce qui s'est passé sous nos yeux, mais il est une vérité incontestable, dont je ne vous donnerai pas même la peine d'écouter la démonstration superflue : chaque fois que le rire malsain, énervant, le mépris du beau, du bon, du grand, la manie de la grimace, le culte du paradoxe, s'élèvent au-dessus d'un certain niveau qu'il n'est pas permis de dépasser sous peine de débordement, il y a inondation, en effet, la pire de toutes et la plus odieuse : celle de la boue, noire de honte, rouge de sang. Ah! ce ne sont pas des mots en l'air, ni ce qu'on appelle des effets oratoires. Cela est, et vous le savez bien : vous étiez là tous et toutes, même les plus jeunes d'entre vous, lors de la dernière inondation, et personne ne peut plus vous apprendre ce que c'est que le débordement des infamies. C'était hier, vous l'avez vu !

Seconde question : Est-il urgent ou tout au moins opportun que vous vous occupiez du théâtre au point de vue de l'art? Je ne le crois pas. S'il s'agit du niveau littéraire mesuré par en haut, en d'autres termes s'il s'agit des maîtres, non. D'ailleurs, vous n'y pourriez rien. Mais s'il s'agit de la voie misérable où la maladie du goût public, l'intérêt de quelques directeurs, enfin des causes extra-littéraires entraînent les petits, les jeunes, les faibles, oui encore, quoique ce ne soit pas du tout le but principal de votre œuvre : sur ce terrain-là même, il y a beaucoup de gens qui vous attendent.

Mais le niveau supérieur est bon. Au théâtre, nous avons une somme de talent assurément très divisée, mais dont la masse étonne. Les étrangers le savent bien, car ils nous volent effrontément : tous les théâtres de l'univers sont défrayés par nous.

Voulez-vous que nous fassions ensemble le compte de nos richesses? En mettant même à l'écart et très haut le grand écrivain... Mais pourquoi ne pas dire les noms : Victor Hugo, le beau, le vaste génie, qui ne faisait pas de politique autrefois; en choisissant sur la brèche même parmi les militants, nous trouvons Alexandre Dumas, le discuté par excellence, mais l'admiré aussi, qui accomplit ce prodige d'être un grand homme de théâtre sans ressembler en rien à cet autre grand homme de théâtre, son père; nous avons Emile Augier, tout éblouissant de verve gauloise; Jules Sandeau, la plume exquise, délicat dans l'émotion, tranchant dans la satire; Octave Feuillet, qui concentre tant de passion sous tant de grâce; Sardou, l'esprit fait chair! Barrière, qui a écrit la plus belle scène comique peut-être de tout notre théâtre contemporain.

Et le roi du rire éclatant, Labiche, dont la gaîté robuste, si franche et si française (c'est le même mot), a dû réveiller plus d'une fois Molière dans sa tombe! et Meilhac et Halévy, ces

Parisiens de Paris qui ne se mettent que deux, en définitive, pour avoir de l'entrain, de la verve, de l'observation et du succès pour dix ! Et la phalange si brillante de nos jeunes... Mais il faudrait ici un dénombrement à la façon d'Homère.

Dans d'autres genres, Legouvé, Saint-Georges, que je place à côté l'un de l'autre parce qu'ils furent, le premier dans la comédie, le second dans le drame musical, les amis et les collaborateurs de Scribe ; Jules Barbier, je suis bien forcé de mêler les écoles ; Camille Doucet, qui s'est un peu endormi à l'Académie; Coppée, Manuel, Gondinet, que j'aurais dû placer ailleurs. Et Auguste Maquet, qui a gardé le secret des grandes compositions historiques; Cadol, qui fit une fois les *Inutiles*, c'est du désordre, mais qu'y puis-je? Michel Masson, Leroy, Deslandes, Dugué, — et Dennery, l'architecte souverainement habile de ces charpentes qui soutiennent le toit un peu lourd du mélodrame populaire, et encore... Mais j'aurais beau faire, j'en oublierais toujours.

N'est-ce donc rien que tout cela? Ah ! si fait, c'est beaucoup, et personne ne voudrait dire le contraire, — seulement, vous aimeriez mieux Corneille ?

Je ne dis pas, mais réfléchissez. Corneille, Molière, Racine, ils n'étaient que trois pour faire toute la gloire dramatique du plus grand de nos siècles !

Chez nous, on dit que nous sommes *quinze cents* auteurs. Moi, je parierais pour le double. C'est un peu l'infirmité de notre temps, ce besoin enfantin de se produire et de paraître. Assurément la médiocrité vaniteuse est vieille comme le monde, mais autrefois c'était une plante de jardin; maintenant, nous la cultivons en pleine terre; je ne sais pas si c'est un progrès.

Quoi qu'il en soit, en face de ces maîtres que je viens de nommer, il n'est ni opportun ni surtout urgent de s'immiscer dans les affaires de l'art, qui d'ailleurs ne le permettrait pas, et qui aurait raison. Ne parlez pas d'art à ceux-là qui le professent avec tant d'éclat, vous aurez bien assez d'occupation à leur prêcher un petit bout de morale.

Je ne pense pas qu'il soit nécessaire de définir ici la morale dont je parle, il n'y en a qu'une; mais j'ai besoin d'expliquer un mot qui va revenir souvent désormais, le mot *honnête*. J'appelle une pièce honnête, tout naïvement celle qui ne nuit pas aux mœurs. Vous voyez que nous n'aurons pas à gravir ensemble de bien hauts sommets métaphysiques ou critiques. Ce qui vous est demandé, et je vais vous dire tout à l'heure les noms de ceux qui vous demandent cela, ce n'est ni un théâtre-église où l'on prêche, ni même un théâtre-école où l'on disserte, c'est un lieu de plaisir honnête, et voilà tout. Notre but bien simple et bien net, est d'avoir un coin où réfugier... je répète le mot RÉFUGIER, le délassement de la famille, — avec fruit s'il se peut, mais nous n'en répondons pas, — sans danger, oh! cela, nous le voulons et il le faut.

Si vous saviez combien le veulent avec moi, ce refuge indispensable, combien sont fatigués des saturnales organisées en permanence dans ces guinguettes hurlantes qui déshonorent tous les quartiers de Paris, combien sont effrayés des dogmes à l'envers et de l'évangile pour rire prêchés sur nos scènes à la mode, combien sont révoltés par cette littérature en papier mâché et doré qui semble au premier aspect écrite bonnement et même bêtement pour les innocents, comme les contes de ma Mère l'Oie, mais qui, à de certaines heures, annoncées d'avance et connues, ouvre tout à coup l'enchère de ses plâtres vivants, si bien qu'on se croirait transporté dans un de ces marchés barbares où se vend la chair humaine...

Je vous avais promis des noms, mais c'est vous, c'est moi, tous ceux qui ne sont pas décidément fous, tous ceux qui ne sont pas aveuglés au point de vue de méconnaître que les catastrophes publiques ont toujours leur origine dans les mœurs, et que le vitriol, incessamnent répandu à tous les étages de toutes les maisons, ne peut manquer d'allumer un jour ou l'autre l'incendie.

Des noms ! mais il y en a des milliers et des millions ! Il y en a dans les familles même qui vivent du théâtre ! il y en a même au théâtre, et beaucoup et de grands ! Je pourrais vous citer presque tous ceux et presque toutes celles que vous admirez le mieux... Ah ! vous n'irez pas seuls à la croisade ! Ce que vous allez accomplir, je n'hésite pas à l'affirmer, est le vœu d'une majorité réelle, qu'on n'entend pas parce qu'elle est muette, tandis que la minorité s'agite et fait tapage. C'est l'histoire de toutes les majorités qui dorment en face de toutes les minorités qui crient.

Vous, Mesdames, à la rigueur, vous n'avez pas besoin de théâtre, vous avez tant d'autres choses, mais à partir d'un certain niveau, plus on descend l'échelle des positions et des fortunes, plus la nécessité du théâtre devient absolue. Que voulez-vous qu'ils fassent ceux qui n'ont pas comme vous la ressource du monde pour occuper leurs loisirs ? Ils vont au théâtre, et le théâtre, même le plus mauvais, est encore trop cher pour beaucoup de bourses. On descend plus bas, on va à la caverne chantante, buvante, abrutissante... Oh ! là, ce n'est pas cher : on y est avili et empoisonné pour presque rien.

..... « Vous qui connaissez ces choses-là, » me demande-t-on souvent, « où donc pourrais-je bien conduire ma fille ? »

Mais c'est que je n'en sais rien. Non, sur mon honneur, je ne sais pas où ces braves gens-là peuvent conduire leurs filles. Il y a de bonnes pièces encore, assurément, et Dieu merci, il y a de belles pièces aussi, mais il n'y a pas un bon théâtre, pas un théâtre où, après de nobles émotions, après de saines gaietés, on soit à l'abri de quelque gros scandale, servi brutalement et tout cru sur le plat mal essuyé du réalisme, ou de ce rire chinois, provoqué par les contorsions de l'Olympe qu'on traîne dans le ruisseau, — pas un théâtre, enfin, où l'on soit sûr du lendemain ; — non, dans tout ce grand Paris, il n'y en a pas un, et c'est une honte pour la France !

Et voilà précisément, exactement la définition même de votre œuvre : *Un théâtre où l'on soit sûr du lendemain*. Ne cherchez pas d'autre programme. Que votre devise soit celle-ci : « Fermer la porte au mal aujourd'hui, demain, toujours. » Accomplissez-la résolûment, vaillamment, et, par cela seul, vous aurez produit le bien.

Le Bien est dans l'Art tout naturellement. L'Art c'est le Bien lui-même. Débarrassez-le seulement, au moins chez vous, dans votre théâtre, de la concurrence trop facile que le Mal lui fait partout ailleurs, et vous verrez comme il s'affermira !

Vous ne me croyez pas peut-être, j'ai pourtant raison absolument. Voyez la nature ! regardez le travail naïf et si profondément sage des laboureurs : quand un de vos fermiers sarcle son champ, est-ce qu'il s'attaque à la tige même du blé ? Non. Il arrache, tout à l'entour la mauvaise herbe qui est le Mal, et le blé pousse, le blé qui est le Bien. Méditez cette parabole.

Cependant, si peu ambitieux qu'il soit (et j'ai toujours peur qu'il ne vous semble trop étroit), ce programme qui se borne à exclure le mal sans même oser promettre le bien, comment le réaliser ? Des hommes se sont réunis dans ce but, ils ont écarté scrupuleusement tout ce qui est utopie, ils se sont renfermés dans les limites les plus timides du possible. Tant mieux ! Je ne crois pas aux monts et merveilles des projets ; l'horrible poésie des prospectus me ferait fuir au bout du monde, — mais je crois aux hommes quelquefois, — du moins à certains hommes, quand ils ne me promettent pas la lune. Vous avez ici un fondateur qui créera, parce qu'il a créé déjà une belle œuvre, plusieurs belles œuvres. Autour de lui se groupent des volontés réfléchies et surtout résolues. Sont-ils nombreux, ces hommes ? Sont-ils puissants ? Je n'en sais rien. Je sais qu'ils ont compris que l'heure de bien faire avait sonné, et qu'ils sont là, tout prêts à bien faire. Cela me suffit.

Il ne faut rien de plus. Certes, il est impossible de garantir à l'avance le succès, mais ce qui répond à un besoin pressant, impérieux, a pour soi toutes les chances. D'autres iraient peut-être jusqu'à vous dire que, dans une œuvre de pur dévouement comme le vôtre, le succès, en définitive, importe peu; moi, je ne vous dirai rien de pareil, j'irais contre ma conscience. En fait de théâtre, pour moi, la première de toutes les questions est le succès, parce qu'un théâtre qui n'aurait pas de succès serait un théâtre inutile, et que ce ne serait pas la peine de le fonder.

Il faut que vous ayez du succès, et vous en aurez, telle est ma conviction profonde.....

Connaissez-vous *Madame Angot?* la *Fille de Madame Angot*, qui est morte ce mois-ci après une si extraordinaire vieillesse? Moi, j'avoue que je ne la connais pas, j'avoue aussi que je ne suis pas amoureux fou de ce genre-là, mais il ne s'agit pas de mon goût, il s'agit du *Théâtre moral*. D'après ce qui m'a été rapporté, le succès prodigieux de cette Madame Angot, événement assez mince par lui-même, serait, au point de vue de votre œuvre, un symptôme tout à fait considérable. C'est une réaction, presque une protestation, et d'autant plus importante, qu'elle s'est produite (je ne vous en parlerais pas, si c'était une tragédie), en plein milieu populaire, dans un théâtre voué à l'opérette, le plus mal famé de tous les genres mal famés.

On dit qu'à part quelques couplets, deux ou trois tout au plus, qui continuent à croustiller par habitude de terroir, la pièce est honnête, vous entendez bien, *honnête,* et elle a eu quatre cent douze représentations de suite, pendant lesquelles, dans sa petite maison du boulevard Saint-Martin, elle a réalisé des recettes supérieures, mais de beaucoup, à celles de notre grand Théâtre-Français, qui est honnête pourtant, lui aussi, oh! certainement, mais qui, sur ses vieux jours, se livre de temps en temps à d'augustes gambades.

Le secret de ce succès miraculeux, c'est l'honnêteté, — au moins relative. Il paraîtrait vraiment qu'on peut conduire tout le monde à cette *Madame Angot.* Ce n'est pas un chef-d'œuvre, cela ne brille même pas par le bon ton le plus exquis, mais on y rit beaucoup et impunément, ou à peu près.

Bref, ce refuge que je vous engage à créer, ce refuge dramatique que tout le monde cherchait déjà, s'est trouvé entr'ouvert un soir par le plus grand de tous les hasards, et la foule s'y est ruée de telle sorte que ce petit bourgeois du Marais, le théâtre des Folies-Dramatiques, a pris la corde sur tous les grands théâtres de la belle littérature et du beau monde ; et il est devenu riche à millions du coup ; et tous les grands théâtres du beau monde et de la belle littérature, pendant plus d'un an que la chose a duré, l'ont regardé courir devant eux, loin, bien loin, à perte de vue, et ils ont été bien étonnés, — et pas contents !

Ils ont été étonnés... je cherche une comparaison... comme pourraient l'être les jockeys d'une écurie sérieuse qui verraient à Longchamps, Franc-Tireur ou Boïard distancés par un cheval de labour. Ce n'est pas cela, cherchons mieux, — qui verraient, si cela était possible, Franc-Tireur relayé par Boïard, et Boïard, à son tour, relayé par Figaro II, Flageolet et d'autres quadrupèdes illustres, sans pouvoir arracher le prix de la course au bidet de charrette. Cette fois, est-ce assez dire ? Eh bien ! non ! pas encore : qui verraient cet enragé bidet continuer sa course après la victoire et tourner tout seul autour de l'hippodrome à perpétuité, si bien qu'on fut obligé de l'abattre pour l'arrêter !

Pour le coup, c'est bien cela ! Voilà bien ce

qui s'est passé dans cette lutte mémorable où David a exterminé cinquante Goliaths ! Les subventions n'y ont rien fait, ni les grands noms, ni mêmes les grandes gloires. Un jour, entre la place Richelieu et le boulevard, Paris a été jonché de géants vaincus : défaite à plate couture des colosses, déroute des Titans, et tout cela... tout cela pour un brin d'honnêteté !

Mesdames et Messieurs, comme on écrit l'histoire quelquefois d'une singulière façon, je vous demande la permission de protester d'avance devant vous contre ceux de mes amis qui feraient semblant de croire que je suis venu ici tout exprès pour provoquer la fondation d'un théâtre destiné à jouer des *Filles de Madame Angot*. Je ne suis ni parent, ni serviteur de *Madame Angot*. *Madame Angot* a marché sur la tête de toutes les pièces représentées en 1873, c'est de l'histoire. Parmi ces pièces, quelques-unes étaient signées de noms célèbres. Certes, au point de vue de l'art, je ne puis me réjouir de ce résultat, j'en suis même mortifié, surtout pour les battus; mais c'est qu'il ne s'agit pas d'art du tout, ah ! pas le moins du monde ! Il s'agit d'une averse d'immoralité, d'un déluge qui tombait ; ceux qui fuyaient devant l'ondée, cherchant un trottoir où mettre le pied, un auvent où abriter leurs épaules, ont trouvé tout cela plus ou moins bien établi, plus ou moins confortable, ils s'en sont emparés, ils ont eu raison ; voilà tout ce que je dis. Y a-t-il donc là de quoi me pendre?

J'ajoute néanmoins : Tout ce monde-là vous appartient; faites de parti pris ce que d'autres ont fait par hasard, faites-le toujours, au lieu de le faire une fois, et faites-le mieux, ne vous gênez pas : personne ne songe à vous parquer dans un genre vulgaire, personne ne vous empêche d'aborder le grand, le puissant rire, la vraie comédie, ni ce drame élevé qui remue les plus belles passions du cœur humain. En opposant théâtre à théâtre, vous *pouvez* le plus, — seulement n'oubliez pas que vous *devez* le moins, et que votre humble charte, avant même de promettre le bien, s'est engagée à prescrire le mal. Je vous préviens en passant que ce n'est pas là le plus facile.

Le théâtre est une force vive, s'il en fut, et les forces de ce genre valent mieux, dit-on, pour l'attaque que pour la défense. Il y aurait mauvaise foi à vous dissimuler que votre tâche sera lourde.

Mais au moins, dans cette œuvre laborieuse les auxiliaires ne vous manqueront pas : je parle des auteurs aussi bien que des acteurs. L'art sincère sera avec vous, vous n'aurez contre vous que le bas métier et la spéculation. — Encore si les actions de l'honnêteté se mettent à monter, comme tout porte à le croire, la spéculation sera bientôt plus honnête que vous. Elle est si bonne personne !

Mais laissons la spéculation de côté, elle vous est étrangère et je n'y connais rien. Je sais des esprits choisis qui vivent en dehors d'elle et au-dessus ; allez vers ceux-là, ils sont nombreux encore, qui tiennent à honneur de rester des écrivains parmi tant de commerçants. Commandez-leur... je m'explique mal : demandez-leur, sollicitez d'eux avec le respect dû au vrai talent, des œuvres qui rentrent dans les conditions de votre effort. Il n'y aura pas offense ; la morale, en définitive, n'est pas une chose malpropre dont il faille craindre de parler aux gens.

Un jour, une requête de ce genre fut adressée à Racine, qui ne se fâcha pas, et qui fit *Athalie*. Je n'oserais pas vous conseiller d'exiger comme cela du premier coup *Athalie;* tout le monde ne l'a pas en portefeuille et ce serait peut-être abuser de la complaisance de ces messieurs.

Non, vous vous contenterez de choses moins sublimes et même... mon Dieu oui, et même un peu plus divertissantes. Que voulez-vous, vous êtes théâtre, refuge pour tous, amusement, délassement; vous voulez plaire, attirer, charmer; je vous en conjure, ne visez pas trop haut! Je dis cela surtout pour les personnes recommandables qui seront appelées à diriger le futur théâtre. Les chefs-d'œuvre ne se commandent pas, ils naissent, et bienheureux ceux qui les peuvent cueillir. Quand on vise trop haut et qu'on manque le but, ce qui arrive souvent, on perd pied, et j'en ai vu qui tombaient jusqu'à ces profondeurs où les succès d'estime dorment dans leurs cercueils de glace.

Si je savais où vous pourriez bien trouver un *Polyeucte?*... Mais Corneille est mort, et il y a longtemps. Laissez votre porte ouverte toute grande pour le cas où Corneille, ressuscité, y viendrait frapper; mais, en attendant, croyez-moi, tenez-vous-en à la lettre de votre devise modeste et pratique, qui est faite... aviez-vous remarqué cela? je ne crois pas... qui est faite avec les paroles mêmes que la prière de tous les jours adresse au ciel. Ah ! le *Pater noster* sait bien ce qu'il fait quand il ne parle ni du bien ni surtout du mieux et qu'il demande à Dieu comme la grâce suprême *de nous délivrer du mal*. Ne soyez pas plus exigeant que le *Pater noster*.

Voilà ce que j'étais chargé de vous dire, et je ne vous l'ai peut-être pas bien dit. Permettez qu'au dernier moment je cesse de m'adresser à vous, messieurs.

Mesdames, c'est à vous que je parle, vous me devez bien quelque petite chose; car j'avais apporté avec moi le dossier complet des méfaits de la littérature marchande, et je vous l'ai charitablement épargné. Faites-moi donc la grâce de m'écouter une minute encore.

Connaissez-vous rien de plus simple, mesdames, et de plus cordial que la pensée de ce cher Anglais Richard Wallace, semant ses oasis de bronze dans le désert encombré de Paris ? Moi, j'avoue que je ne puis voir sans être attendri, un ouvrier, une femme, un enfant tendre la coupe hospitalière au mince filet de cristal.

Eh bien ! l'intelligence a soif comme le corps. Certes, il ne manque pas à Paris de fontaines qui versent le plaisir, mais on ne sait jamais laquelle est pure, laquelle empoisonnée, et il y a aussi des enfants, des mères, des jeunes filles qui voudraient bien tremper leurs lèvres à la coupe des lettres et des arts.

Vous qui êtes habituées à bien faire, ne serait-ce pas la plus charmante de toutes les bienfaisances que de créer enfin l'oasis intellectuelle, le théâtre Wallace, versant le plaisir toujours pur et au fronton duquel il fût permis d'écrire avec vérité : *Ici l'esprit et le cœur peuvent se désaltérer sans danger*.

L'Anglais a fait plus qu'il ne devait. C'est à votre tour. Vous êtes Paris, Mesdames, dans sa plus noble, dans sa plus délicate incarnation. Vous êtes l'attrait de Paris, son charme, son sourire : Paris est à vous, puisque vous êtes à lui. Faites donc que votre Paris, ce pauvre fou de plaisirs, ait au moins la liberté du choix, entre le plaisir qui repose et le plaisir qui tue ! Faites cela pour lui, faites-le aussi... ah ! faites-le surtout pour vous, car il y a dans votre ciel des nuages qui marchent. Croyez-moi, défendez vous ; ce côté de la bataille vous appartient. Dieu a mis un talisman dans vos belles mains ; servez-vous en et plus tôt que plus tard. Qui sait si ce n'est pas la dernière heure propice !

Ce qu'il faut faire? Dites seulement : « Je le veux... » mais comme vous savez le dire! Frappez de votre baguette, ombrelle ou éventail, la terre, cette miraculeuse terre de Paris.

Ce qui adviendra? Eh bien, c'est tout simple, puisque les fées l'auront voulu, la source jaillira, et une fois de plus vous aurez bien mérité non-seulement de Paris, mais encore de tout ce qui imite et suit Paris, c'est-à-dire du monde entier, Mesdames.

Paris. — Imp. Balitout, Questroy et C°, 7, rue Baillif.

PARIS
IMPRIMERIE BALITOUT, QUESTROY ET C??
7, rues Baillif, et de Valois, 18.

www.ingramcontent.com/pod-product-compliance
Lightning Source LLC
Chambersburg PA
CBHW060718050426
42451CB00010B/1514